DIESES BUCH GEHÖRT

....

....

Duden

Dein Lesestart

MUTIGE MENSCHEN

STÜTZE & VORBACH

Dudenverlag
Berlin

Die Menschen, die in diesem Buch vorgestellt werden, waren mutig und haben Neues gewagt. Sie haben Dinge verändert und andere Menschen mit ihren Ideen angesteckt. Alle haben dazu beigetragen, unsere Welt zu einem besseren Ort zu machen.

Komm mit und erfahre mehr über Rosa Parks und Black Lives Matter, Louis Braille, Fridays for Future, Alexander Gerst und Ignaz Philipp Semmelweis.

INHALT

ROSA PARKS
4. Februar 1913 – 24. Oktober 2005

ROSA PARKS

Aussehen? Ist doch egal!

Es war spät und Rosa Parks war müde.
Sie fuhr mit dem Bus nach Hause.

Es war das Jahr 1955 in den USA.
Im Bus mussten Schwarze aufstehen,
wenn sich ein Weißer hinsetzen wollte.

Doch Rosa Parks stand nicht auf.
Sie blieb auf ihrem Platz sitzen.
Und der Bus fuhr nicht weiter.

ROSA PARKS
lebte von 04.02.1913 bis 24.10.2005 in den Vereinigten Staaten von Amerika (USA).

DIE USA
sind die Vereinigten Staaten von Amerika. Du sprichst die Buchstaben einzeln aus: U-S-A.

Der Busfahrer rief die Polizei.

Die Polizei verhaftete Rosa Parks.

Und ein Gericht verurteilte sie.

Doch genug war genug.

Die Menschen in Alabama protestierten.

Überall gingen sie auf die Straße.

Warum waren die Menschen so wütend?

VERURTEILEN
ist das, was ein Richter macht, wenn er Leute schuldig spricht und eine Strafe festlegt.

PROTESTIEREN
Zeigen, dass man mit etwas nicht einverstanden ist.

In dieser Zeit in den USA hatten nicht alle Menschen die gleichen Rechte. Schwarze mussten andere Schulen besuchen. Sie mussten andere Eingänge benutzen als Weiße.

Sie wurden von den Weißen unterdrückt. Sie bekamen nicht den gleichen Lohn, und selten gleichwertige Arbeit. Das war ungerecht!

So konnte es nicht weitergehen.

UNTERDRÜCKT WERDEN
Wenn man daran gehindert wird, ein freies Leben zu führen.

DER LOHN
Wenn man eine Arbeit verrichtet und dafür Geld bekommt.

Deshalb protestierten die Menschen.
Einer ihrer bekanntesten Anführer
war Martin Luther King.
Er wollte friedlich protestieren.
Dafür bekam er 1964 einen wichtigen Preis,
den Friedensnobelpreis.

Seither ist viel passiert.
Alle Bürgerinnen und Bürger in den USA
dürfen wählen. Alle Kinder dürfen in die
gleiche Schule gehen. Alle Menschen haben
die gleichen Rechte. Ist nun alles gut?

DIE ANFÜHRERIN, DER ANFÜHRER
ist eine Person, die den Willen einer Gruppe nach außen vertritt und für sie spricht.

DER FRIEDENSNOBELPREIS
Eine weltweit anerkannte Auszeichnung für Menschen, die sich ganz besonders für den Frieden auf der Welt einsetzen.

Nein. Noch immer werden
nicht alle Menschen gleichbehandelt.
Schwarze Menschen in den USA verdienen
meistens weniger Geld als weiße.
Sie werden viel häufiger von der Polizei kontrolliert.
Wenn sie sich nicht ans Gesetz halten,
bekommen sie härtere Strafen als Weiße.

Das ist unfair und man nennt es **Rassismus.**
Deshalb entstand 2013 die Bewegung
Black Lives Matter.
Das bedeutet:
Das Leben von Schwarzen ist wichtig.

DER RASSISMUS
Zu glauben, dass man jemandem überlegen ist, nur weil man anders aussieht, sich anders verhält oder anders lebt.

BLACK LIVES MATTER
Die Menschen organisieren Proteste, um auf Ungerechtigkeiten gegen Schwarze aufmerksam zu machen. Abgekürzt wird die Bewegung mit BLM.

Gibt es das Problem nur in den USA?

Nein, Rassismus gibt es überall.

Und er richtet sich nicht nur gegen Schwarze.

Deshalb gehen auch in Kanada, Australien,

Asien und Europa Menschen auf die Straße.

Sie verlangen gleiche **Rechte**

und gleiche **Chancen** für alle Menschen.

Denn es ist egal, welche Hautfarbe man hat.

Ob man schwarze, rote oder blonde Haare hat.

Mensch ist Mensch.

RECHTE

Das sind Regeln, die von Menschen gemacht wurden und die für alle Menschen gelten. Sie regeln, was richtig und erlaubt ist.

DIE CHANCE

Das ist eine Möglichkeit, etwas Bestimmtes zu erreichen. Zum Beispiel einen bestimmten Beruf zu ergreifen.

Super gelesen

AUF ZUM RÄTSELSPAß!

1. Was ist für jeden Menschen wichtig? Sortiere die Buchstaben:

2. In welchem Fahrzeug weigerte sich Rosa Parks aufzustehen? Kreuze an.

3. Was bedeutet die Abkürzung BLM?

a) **Bin längst müde.**

b) **Black Lives Matter**

c) **Begabt. Laut. Mutig.**

4. Suche die Wörter im Wortgitter. Ordne sie zu einem Satz!

K	X	A	F	T	C	R	H	W	B	R
Y	P	L	N	R	H	X	A	V	Z	E
R	M	L	K	G	V	Y	B	K	P	C
T	M	E	N	S	C	H	E	N	Y	H
Z	K	Q	V	C	S	W	N	Z	F	T
G	L	E	I	C	H	E	X	Q	V	E

Lösungen: 1. FREIHEIT; 2. Bus; 3. b) Black Lives Matter; 4. Alle Menschen haben gleiche Rechte.

GRETA THUNBERG *3. Januar 2003

FRIDAYS FOR FUTURE

Die Erde braucht unseren Schutz

„Wir sind hier, wir sind laut,
weil ihr unsere Zukunft klaut.“
Von 2019 bis 2020 gingen oft **Hunderttausende** Schulkinder jeden **Freitag** auf die Straße und riefen das. Und sie wollen immer noch, dass es alle hören! Warum sind sie so wütend? Die Antwort ist einfach und schwierig.

HUNDERTTAUSEND
schreibt man auch so: 100 000.

FREITAG
Die Idee hatte die schwedische Schülerin Greta Thunberg. Sie ging zunächst drei Wochen nicht zur Schule, danach protestierte sie weiterhin jeden Freitag.

Die Jugendlichen wollen,

dass die Politiker und Politikerinnen

endlich unsere Erde schützen.

Das Klima darf sich nicht weiter verändern.

Dafür müssen die Menschen sorgen.

Indem sie weniger Abgase in die Luft pusten.

Indem sie die Bäume,

Pflanzen und Tiere schützen.

POLITIKERINNEN UND POLITIKER
entscheiden, was für das Land im Interesse aller ist und was der Staat tut.

DAS KLIMA
ist das gesamte Wetter auf der Erde über einen längeren Zeitraum.

DIE ABGASE
Wird etwas verbrannt, entstehen schädliche Gase. Diese verschmutzen die Luft.

Die Kinder sagen:
„Ihr Politiker habt das selbst beschlossen.
Haltet euch daran!"
Denn 2015 trafen sich wichtige Politiker
und Politikerinnen aus der ganzen Welt
in der Stadt Paris. Das ist in Frankreich.
Sie vereinbarten, das Klima zu schützen.
Sonst wird es überall auf der Welt
Überschwemmungen, Wirbelstürme
und Trockenheit geben.
Doch kaum ein Staat hält sich
an dieses Abkommen.

Was die Politiker
VEREINBARTEN,
nennt man das Pariser Klimaschutzabkommen. 197 Länder haben sich darauf geeinigt.

ÜBERSCHWEMMUNGEN, WIRBELSTÜRME UND TROCKENHEIT
Sie richten großen Schaden an, oftmals sterben auch viele Menschen und Tiere dabei.

„Warum ändern wir unser Leben nicht?“
„Warum passen wir nicht besser auf unsere Erde auf?“
„Warum **setzt** ihr nicht **um**, was ihr selbst **beschlossen** habt?“
Diese Fragen stellen die Schülerinnen und Schüler.
Die Politikerinnen und Politiker haben sie noch nicht beantwortet.

BESCHLIEẞEN
Sich etwas fest vornehmen.

UMSETZEN
Eine Sache, die man sich vorgenommen hat, dann auch tun.

Also gehen die Proteste weiter.
Die Schüler und Schülerinnen
haben sich zusammengeschlossen.
Sie nennen ihre Bewegung Fridays for Future.
Auf Deutsch bedeutet das:
„Freitage für die Zukunft“.
Damit alle in der Politik zuhören,
gehen immer mehr Kinder und Jugendliche
freitags nicht mehr in die Schule,
sondern auf die Straße:
Sie demonstrieren.

FRIDAYS FOR FUTURE
Das ist eine Bewegung. Es zählen alle dazu, die für das Klima auf die Straße gehen.

DEMONSTRIEREN
Auf die Straße gehen und seine Meinung bekunden. Oft mit vielen anderen zusammen.

Und die Kinder und Jugendlichen sind nicht allein.
Auch Studierende, Eltern, Großeltern
und andere Erwachsene
gehen weltweit auf die Straße.
An ihrer Seite sind außerdem
die Scientists for Future.
Sie können die Veränderungen der Erde
wissenschaftlich belegen. Das ist wichtig.
So hat man Beweise, dass sich etwas ändern
muss. Um unsere Erde zu retten.

STUDIERENDE
Menschen, die an einer Hochschule eine Ausbildung erhalten. Für manche Berufe muss man studieren.

SCIENTISTS FOR FUTURE
Das ist Englisch. Es bedeutet „Wissenschaftler für die Zukunft".

WISSENSCHAFTLICH
Wenn etwas genau untersucht und erforscht wird. Dabei zählen die Ergebnisse und nicht das, was man hofft oder nur zu wissen glaubt.

Angefangen haben die Proteste 2018 in Schweden mit Greta Thunberg. Greta war bestürzt, als sie verstand, wie zerstört unsere Erde schon ist. Deshalb ist sie eine Klima-Aktivistin geworden. Sie fordert, dass die Erwachsenen in der Politik auf die Menschen in der Wissenschaft hören und sich an das Pariser Klimaabkommen halten.

GRETA THUNBERG
wurde am 03.01.2003 in Schweden geboren.

KLIMA-AKTIVISTEN
sind alle, die sich für den Schutz des Klimas einsetzen. Am wichtigsten ist es ihnen, die weltweite Erwärmung der Erde zu stoppen.

Schnell machten Jugendliche in ganz Europa mit.
An manchen Freitagen waren sogar über
eine Million Menschen auf der Straße.
Klimaschutz ist die wichtigste Aufgabe unserer Zeit.
Und sie ist noch nicht bewältigt.
Alle müssen mithelfen,
damit sich das Klima
nicht noch stärker verändert.
Wir alle müssen helfen,
unsere Erde zu schützen.

EINE MILLION
sieht in Ziffern so aus: 1 000 000.

KLIMASCHUTZ
bedeutet, darauf zu achten, dass sich das Klima nicht weiter verändert. Sonst verändern sich auch die Lebensbedingungen auf der Erde. Für viele Tiere und Pflanzen, aber auch für uns Menschen wäre das schlimm.

Super gelesen

AUF ZUM RÄTSELSPAß!

1. Es war 2015:
Wo trafen sich die Politiker und Politikerinnen? Trage ein:

_ _ _ _ _

Was wollen sie retten? Trage ein:

_ _ _ _ _

2. Warum streiken die Schülerinnen und Schüler freitags? Kreuze an.

a) **Weil sie keine Hausaufgaben mehr wollen.**

b) **Weil sie wollen, dass die Politikerinnen und Politiker endlich unsere Erde schützen.**

c) **Weil sie mehr Lehrerinnen und Lehrer wollen.**

3. Welche Wörter fehlen hier? Trage ein.

Wir sind ____,
wir sind ____,
weil ___ unsere
_______ klaut.

4. Vier Wörter verbergen sich in der Schlange. Findest du sie? Kreise sie ein.

Lösungen: 1. Paris, Klima; 2. b) Weil sie wollen, dass die Politikerinnen und Politiker endlich unsere Erde schützen; 3. Wir sind hier, wir sind laut, weil ihr unsere Zukunft klaut.; 4. Baum, Erde, Greta, Politik

IGNAZ PHILIPP SEMMELWEIS
1. Juli 1818 – 13. August 1865

IGNAZ PHILIPP SEMMELWEIS

Warum Händewaschen Leben rettet

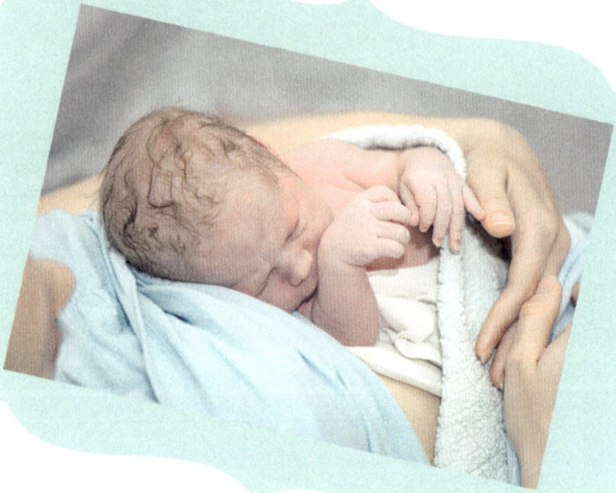

„Uääh! Uääh!“

Das Baby schrie.

Laut und hungrig brüllte es.

Es war noch sehr klein, erst wenige Tage alt.

Die Krankenschwester kam, um es

der Mama auf den Bauch zu legen.

Doch die Mama war tot.

Ein Kind auf die Welt zu bringen

war für die Mütter

damals gefährlich!

TOT
Viele Mütter bekamen zu der Zeit ein sogenanntes Kindbettfieber, an dem sie starben.

DAMALS
Vor etwa 200 Jahren, zu Beginn des 19. Jahrhunderts. Damals war es in den Krankenhäusern ganz anders als heute.

Der junge Arzt **Ignaz Philipp Semmelweis** wollte das ändern. In einem Krankenhaus in Wien schaute er ab 1846 genau hin: In Abteilung 1 arbeiteten Studenten. Sie studierten Medizin und lernten an Leichen. Sie fassten sie an und schnitten sie auf. Dann untersuchten sie schwangere Frauen. Hier starben viele Frauen bei der Geburt.

In Abteilung 2 arbeiteten **Hebammen:** Sie untersuchten nur die Frauen. Hier starben fast keine Mütter.

IGNAZ PHILIPP SEMMELWEIS
lebte von 1818 bis 1865. Er wurde also vor mehr als 200 Jahren geboren.

DIE HEBAMMEN
sind Frauen, die bei der Geburt der Babys helfen.

Semmelweis überlegte:
„Warum werden die Frauen krank?“
Er hatte eine Idee.
Jetzt brauchte er **Fakten.**
Also beobachtete er genau
und schrieb alles auf.

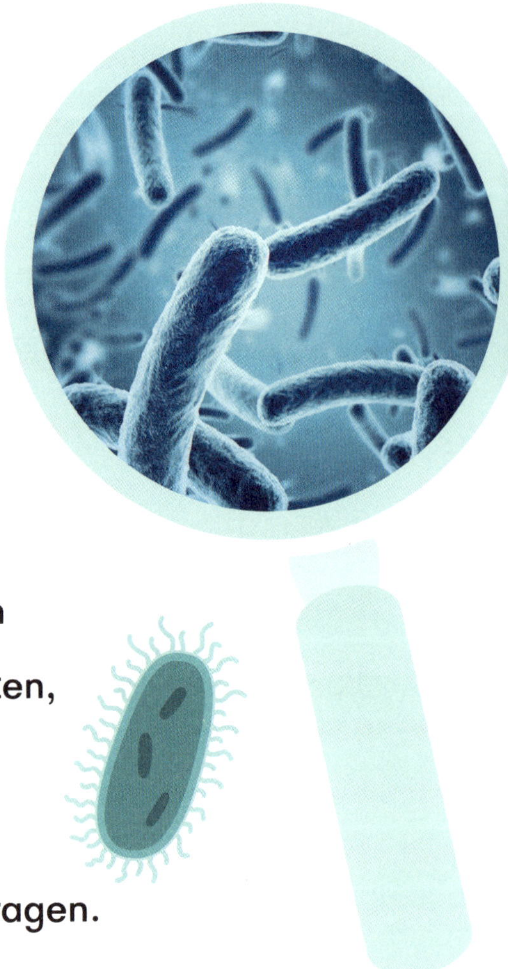

So konnte er nachweisen:
An den Leichen waren
Krankheitserreger.
Wenn die Studenten
zuerst die Leichen anfassten
und dann die Frauen berührten,
wurden die Frauen krank.
Die Ärzte hatten
die Krankheitserreger übertragen.

DIE FAKTEN
Das sind nachweisbare Tatsachen. Für Fakten gibt es Beweise.

DIE KRANKHEITSERREGER
Das sind Keime, die krank machen. An Leichen sind viele Keime, an denen man sterben kann – vor allem, wenn man gerade schwach ist oder die Keime direkt ins Blut gelangen.

Es gab eine einfache Lösung:
Man musste sich die Hände waschen!
Und die Haut und alle Hilfsmittel desinfizieren!
Dann war alles sauber,
und niemand wurde krank.

Die anderen Ärzte waren wütend.
Sie würden selbst Krankheiten übertragen?
Nein! Unmöglich! Das wollten sie nicht glauben.
Deshalb wollte niemand auf
den Rat von Semmelweis hören.
So starben noch mehr Mütter.

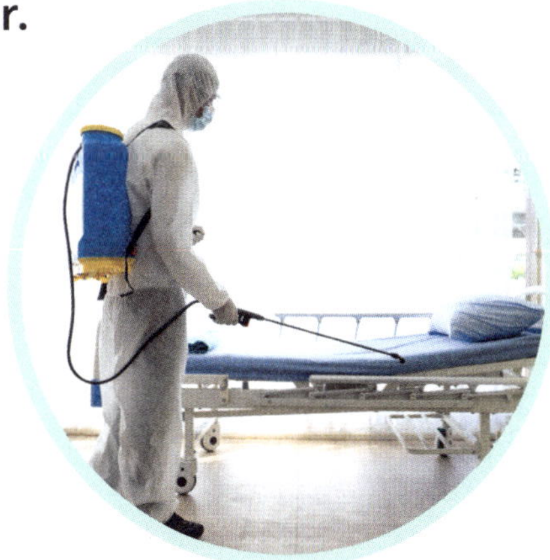

Mit dem **DESINFIZIEREN** tötet man Keime ab, die krank machen können.

DIE KRANKHEITEN
Es gibt viele Krankheiten. Gegen die meisten gibt es Medikamente, sodass man sie gut behandeln kann. Dann wird man wieder gesund.

Erst später verstanden die Ärzte,
was Semmelweis herausgefunden hatte.
Heute folgen alle seinem Rat:
Sauberkeit ist wichtig.
Mit Wasser und Seife werden **Schmutz**
und Krankheitserreger weggespült.
So werden keine **Keime** übertragen.

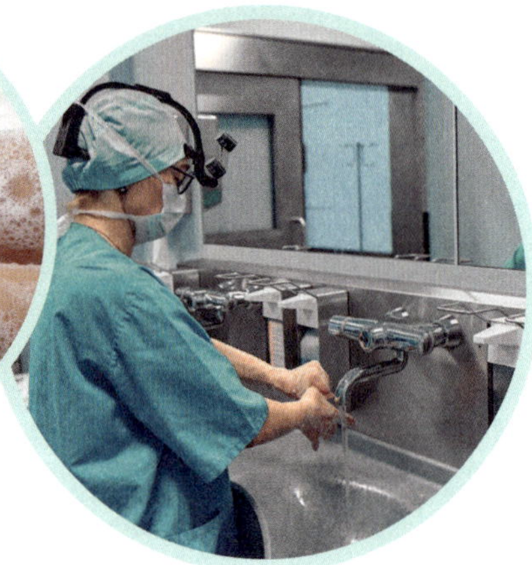

DIE SAUBERKEIT
Wenn etwas ohne Keime, Schmutz, Müll oder Abfall ist.

DER SCHMUTZ
Meist ist er einfach nur nicht schön, oft eklig, und manchmal kann er sogar krank machen.

DIE KEIME
Winzig kleine Lebewesen, die Krankheiten verursachen.

Ärzte waschen sich vor einer Operation
sehr gründlich die Hände und Unterarme.
Und danach desinfizieren sie diese.
Manchmal wird sogar dafür gesorgt,
dass die Luft sauber ist,
genau wie die Betten und Geräte!
Denn heute wissen alle: Sauberkeit hilft!
Nicht nur im Krankenhaus,
auch im Alltag ist Sauberkeit sehr wichtig.
So sind wir alle besser geschützt
und bleiben gesund.

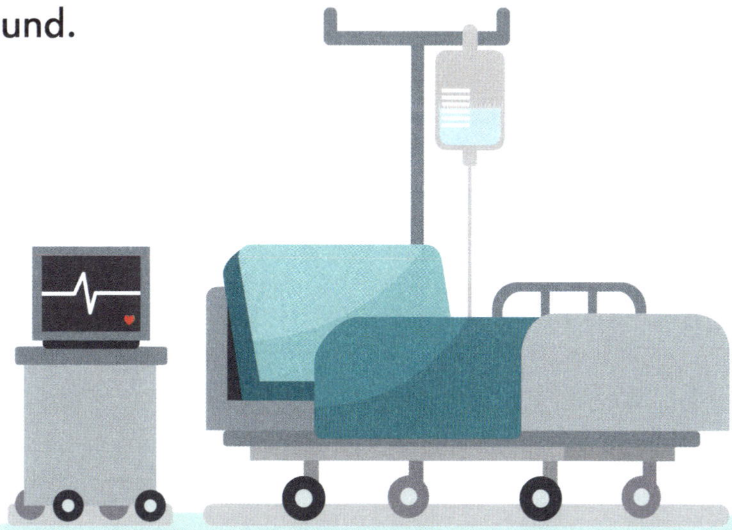

EINE OPERATION
nennt man auch kurz OP.

SAUBERE LUFT
Besonders in den Räumen, in denen operiert wird, ist das wichtig. Hier wird mit Luftfiltern die Luft gereinigt. So atmet niemand Krankheitserreger ein.

Super gelesen

AUF ZUM RÄTSELSPAß!

1. Was braucht man zum Händewäschen? Kreuze an.

a) ☐

b) ☐ 

c) ☐ 

d) ☐ 

e) ☐ 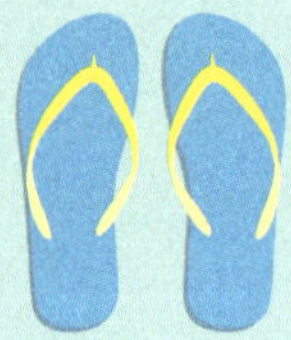

f) ☐ 

2. Ordne die Silben und trage die Wörter richtig ein.

KEIT SAU BER

GE HEIT SUND

HAUS KEN KRAN

_ _ _ _ _ _ _ _ _ _ _ _ _

_ _ _ _ _ _ _ _ _ _ _ _ _

_ _ _ _ _ _ _ _ _ _ _ _ _

3. Was bewirkt Händewaschen mit Seife und sauberem Wasser?
Kreuze an: Mit Seife und sauberem Wasser ...

... werden Krankheitserreger weggespült.

... wird die Haut gepflegt.

... werden Krankheiten übertragen.

4. Was macht eine Hebamme? Kreuze an.

a) Sie bringt die Kinder in den Kindergarten und die Schule.

b) Sie hebt Gewichte.

c) Sie hilft Frauen bei der Geburt.

Lösungen: 1. c) Wasser, f) Seife; 2. Sauberkeit, Gesundheit, Krankenhaus; 3. ... werden Krankheitserreger weggespült.;
4. c) Sie hilft Frauen bei der Geburt.

ALEXANDER GERST
*3. Mai 1976

ALEXANDER GERST

Der lange Weg ins Weltall

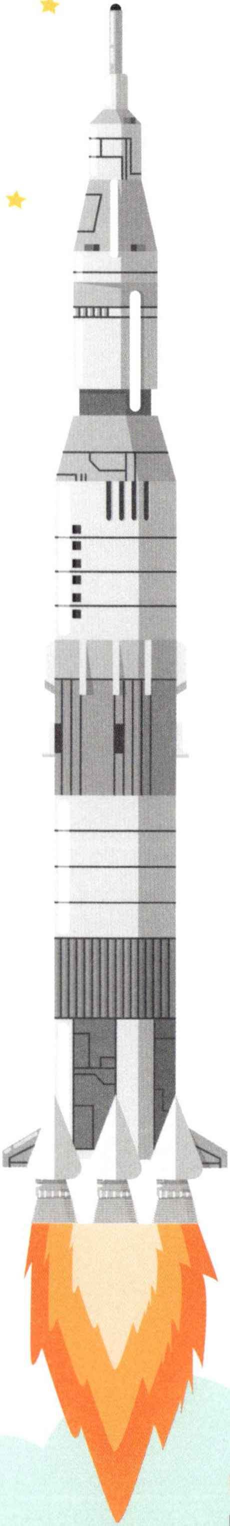

Der Countdown beginnt:
Zehn, neun, acht …
zwei, eins, null.
Die Triebwerke zünden.
Rumms-wumms-zisch!

Es geht los!
Die Rakete schießt in den Himmel.
Vorbei an den Wolken,
immer näher zu den Sternen.
In der Raumkapsel:
Alexander Gerst.

DIE RAUMKAPSEL
Die Kabine, in der die Piloten sitzen.

ALEXANDER GERST
wurde am 03.05.1976 in Künzelsau in Deutschland geboren. Das spricht man „Künzels-au“.

Schon immer sahen die Menschen in den Himmel und träumten davon, zu den Sternen zu reisen.
Neue Welten zu entdecken.
Unbekannte Weiten zu erforschen.
Wäre das nicht wundervoll?

Auch Alexander Gerst träumte davon.
Schon als er studierte, fragte er sich immer:
„Muss das auch ein Astronaut wissen?“

UNBEKANNTE WEITEN

Am 12.04.1961 umrundet der Russe Juri Gagarin mit einem Raumschiff als erster Mensch die Erde. Am 21.07.1969 betrat der erste Mensch den Mond.

DER ASTRONAUT, DIE ASTRONAUTIN

Männer oder Frauen, die in den Weltraum fliegen. Je nachdem, aus welchem Land sie kommen, werden sie auch Kosmonauten oder Taikonauten genannt.

Astronautinnen und Astronauten
haben viele Aufgaben:
Sie fliegen das Raumschiff.
Sie führen Experimente durch.
Geht während der Reise etwas kaputt,
reparieren sie es.
Das ist nicht leicht!

Im Weltraum gibt es fast keine Schwerkraft:
Alles schwebt durch das Raumschiff.
Völlig schwerelos.
Lange Haare umgeben den Kopf
dann wie Strahlen,
eine Pizza schwebt,
sogar Wasser fliegt
in Tröpfchenform herum.

DAS EXPERIMENT
Wollen Wissenschaftler und Wissenschaftlerinnen etwas Neues herausfinden, werden Versuche durchgeführt. Man forscht, unter welchen Bedingungen welche Ergebnisse entstehen.

DIE SCHWERKRAFT
Die Kraft, mit der ein Gegenstand zu Boden gezogen wird. Ohne sie könnten wir nicht fest auf dem Boden stehen.

Alexander Gerst konnte sich
seinen Traum erfüllen.
Als Astronaut forschte er auf der
Internationalen Raumstation (ISS).

Diese Forschung im Weltraum
ist für uns auf der Erde wichtig.
Denk nur an Satelliten!
Sie helfen bei der Wettervorhersage,
sorgen dafür, dass sich Schiffe auf dem Meer
zurechtfinden und auch wir mit GPS
immer auf dem richtigen Weg sind.

Die Astronauten auf der ISS
führen auch Versuche durch,
die dabei helfen sollen,
dass wir Krebs und andere Krankheiten
besser behandeln können.

DIE SATELLITEN
Das sind technische Geräte, die im Weltall die Erde umrunden und Informationen an uns funken.

GPS
ist die englische Abkürzung für „Global Positioning System“. Es funktioniert über Satelliten und erkennt den genauen Standort.

Astronautinnen und Astronauten
sehen die Erde von oben.
Blickt man vom Weltraum auf die Erde,
wirkt sie klein und zerbrechlich.
Das ist sehr beeindruckend.
Alexander Gerst hat viele wichtige Fotos
von der Erde gemacht.
Die Bilder zeigt er auch im Internet.
So können sie alle Menschen sehen.

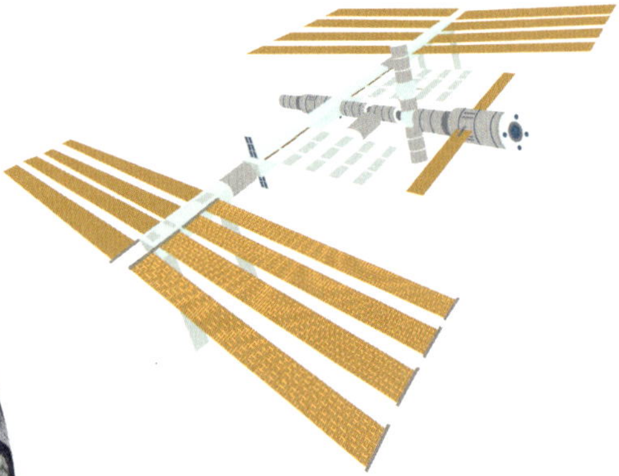

Wenn man über etwas staunt, findet man es **BEEINDRUCKEND.** Das Wort liest sich „be-eindruckend".

DER WELTRAUM ist der luftleere Raum um die Planeten und die übrigen Himmelskörper. Er beginnt etwa 100 Kilometer über der Erde. Dort endet unsere Luftschicht.

Man erkennt auf den Bildern,
wie wunderschön unsere Erde ist.
Und man erkennt, wie sie sich verändert.
Gletscher werden kleiner.
Regenwälder werden abgeholzt.

Alexander Gerst sagt: „Man sieht ganz deutlich,
dass wir keinen Planeten B haben.
Die einzige Chance, die wir Menschen haben,
ist auf diesen Planeten aufzupassen."

DIE GLETSCHER
Ein Gletscher ist eine Eismasse, die aus Schnee entstanden ist. Daran, dass Gletscher schmelzen kann man erkennen, dass sich das Klima auf der Erde erwärmt.

PLANET B
Kein Planet B – damit ist gemeint, dass es keine zweite Erde gibt.

Die Menschen möchten den Weltraum gerne noch weiter erkunden: Sie wollen bis zum Rand unseres Sonnensystems und noch viel weiter fliegen.

DAS SONNENSYSTEM

Die Erde ist ein Planet, der um die Sonne kreist. Zusammen mit sieben anderen Planeten und ihren Monden. Außerdem gibt es Asteroiden, Kometen und Staubwolken, die auch um die Sonne kreisen. Alles zusammen nennt man unser Sonnensystem.

VIEL WEITER

Auch außerhalb unseres Sonnensystems gibt es Sterne und Planeten. Forscher hoffen, dass es irgendwo einen anderen Planeten gibt, auf dem Leben möglich ist.

Das Weltall ist **unvorstellbar** groß.
Und alles ist sehr, sehr weit weg.
Reisen im All ist schwierig.
Aber Menschen wie Alexander Gerst
haben große und mutige Träume.
Sie zeigen uns, was alles möglich ist.
Und bald wird es heißen:
„Nächste Station: **Mars!**“

Wenn etwas **UNVORSTELLBAR** ist, ist es uns nicht möglich, es uns mit der Fantasie auszumalen.

DER MARS
Unser Nachbarplanet. Er ist etwa halb so groß wie die Erde und ein trockener Wüstenplanet. Man erforscht, ob es dort einmal Leben gab.

Super gelesen

AUF ZUM RÄTSELSPAß!

1. Was wollte Alexander Gerst gern werden? Sortiere die Buchstaben und trage ein:

A T T R N S U O A

_ _ _ _ _ _ _ _ _

2. Womit flog Alexander Gerst zur ISS? Kreuze an.

a) ☐

b) ☐

c) ☐

d) ☐

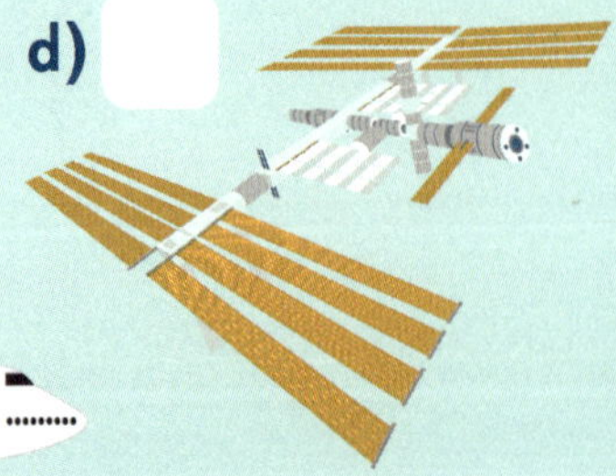

e) ☐

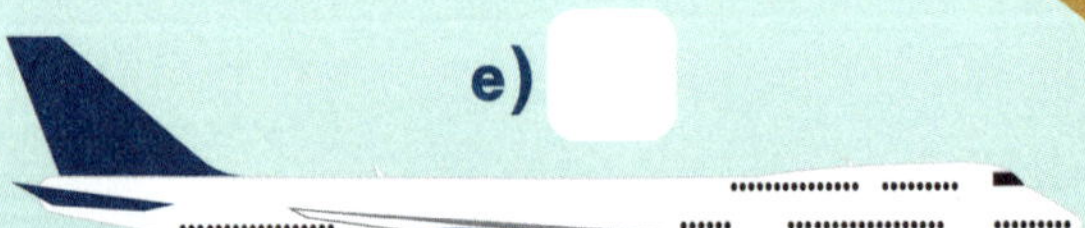

3. Wie heißen diese Planeten?
Ordne die Buchstaben. Trage passend ein:

R D E E

_ _ _ _

A S M R

_ _ _ _

R U N S T A

_ _ _ _ _ _

4. Was passiert ohne Schwerkraft?
Kreuze an.

a) Alles fällt auf den Boden.

b) Alles schwebt herum.

c) Alles, was leicht ist, fällt herunter. Alles, was schwer ist, fliegt.

Lösungen: 1. Astronaut; 2. a) Rakete; 3. Erde, Mars, Saturn; 4. b) Alles schwebt herum.

LOUIS BRAILLE

4. Januar 1809 – 6. Januar 1852

LOUIS BRAILLE

Mit den Fingern lesen

Au weia! Das tat weh! Der kleine Louis hatte sich in die Werkstatt seines Vaters geschlichen. Er war mit einem Werkzeug abgerutscht und hatte sich schwer verletzt. Am Auge!

Schnell kam die Nachbarin und half.
Das Auge wurde ausgespült.
Doch es entzündete sich.
Und es wurde immer schlimmer!
Nun wurde auch das andere Auge krank.

LOUIS BRAILLE
lebte von 1809 bis 1852 in Frankreich.

DIE WERKSTATT
ist der Arbeitsraum eines Handwerkers. Der Vater von Louis Braille war Sattler. Er bearbeitete Leder und stellte zum Beispiel Taschen, Sättel und Zaumzeug her.

Zwei Jahre später war Louis blind.

Das war 1814, und er war fünf Jahre alt.

Sein Vater schnitzte ihm einen Blindenstock,

und Louis versuchte,

so normal wie möglich zu leben.

Er half sogar mit, den Tisch zu decken!

Doch wie sollte er lernen?

Er konnte nichts mehr sehen.

Also konnte er auch nichts lesen.

Und er konnte nicht schreiben.

Er musste sich alles merken.

Das war anstrengend.

DER BLINDENSTOCK
hilft Menschen, die blind oder sehbehindert sind, sich sicher und selbstständig zu bewegen.

Louis' Papa schickte Louis
auf die Blindenschule nach Paris.
In den Sommerferien kehrte Louis
in die Werkstatt seines Vaters zurück.
Er nahm ein Werkzeug und
drückte kleine Löcher in ein Blatt.
Diese Punkte konnte man ertasten.
Das war die Lösung!
So entwickelte er eine
eigene Blindenschrift!

Auf der **BLINDENSCHULE** können blinde Kinder lesen, schreiben und vieles mehr lernen.

DIE BLINDENSCHRIFT
Diese Schrift kann man mit den Fingern ertasten. Die von Louis Braille entwickelte Schrift nennt man Brailleschrift.

Jeder Buchstabe hat ein Feld,
und in jedes Feld passen sechs Punkte.
Drei in der Höhe und zwei in der Breite.
Entweder steht ein Punkt etwas hervor,
oder die Stelle bleibt glatt.
So ergeben sich 64 Möglichkeiten.
Genug für alle Buchstaben!
Und auch für Zahlen und Satzzeichen.

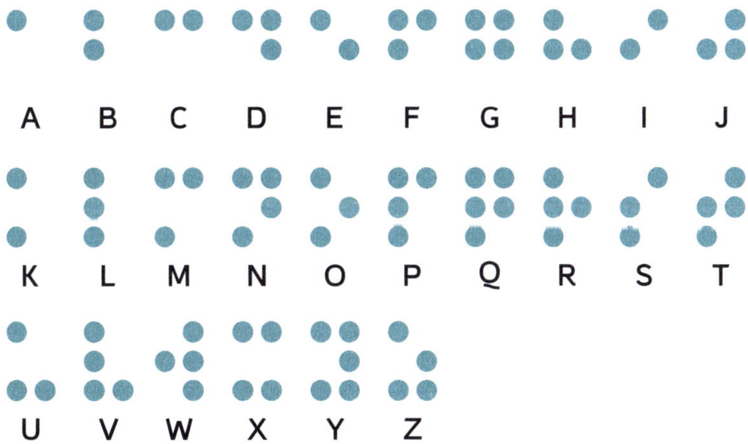

DIE BUCHSTABEN
sind Zeichen. Aus ihnen setzen sich Wörter zusammen. Alle Buchstaben zusammen ergeben das Alphabet.

DIE SATZZEICHEN
Dazu gehören zum Beispiel Punkt, Komma, Ausrufezeichen. Sie helfen beim Lesen und gliedern einen Satz.

In der Blindenschule
waren alle begeistert!
Die Blinden konnten nun
lesen und schreiben.
War nun alles gut? Nein!
Konnten sie nun lernen? Nein!
Denn es gab einen neuen Direktor.
Schwups, hatte er die
Blindenschrift verboten!
Er wollte nicht,
dass die Blinden etwas lesen konnten,
das die Sehenden nicht verstanden.
Er sagte: Damit grenzen
sich die Blinden aus.

DER DIREKTOR
Er leitet eine Schule. Wird die Schule von einer Frau geleitet, nennt man sie Direktorin.

AUSGRENZEN
Sich aus einer Gemeinschaft heraushalten oder aus ihr herausgehalten werden.

Wie gemein! Wie unfair!
Die Blinden benutzten
die Schrift heimlich.
Mit der neuen Schrift
konnte man schließlich
sogar Noten lesen
und schreiben.
So konnte Louis sogar
Orgel spielen lernen.
Außerdem arbeitete er
als Lehrer.

DIE NOTEN
Das sind Zeichen, mit denen man Töne aufschreiben kann. Das hilft beim Singen oder beim Spielen eines Instrumentes.

DIE ORGEL
Ein sehr großes Instrument. Es steht oft in Kirchen.

Es dauerte fast 25 Jahre,
bis die Blindenschrift erlaubt wurde.
Weltweit wurde sie erst 1854 anerkannt.
Doch das erlebte Louis nicht mehr,
denn da war er schon seit zwei Jahren tot.
Heute wird diese Schrift
auf der ganzen Welt benutzt.
Denn man kann mit ihr die Buchstaben
oder Laute aller Sprachen darstellen.

WELTWEIT
Für fast jede oft geschriebene Sprache auf der ganzen Welt gibt es eine Brailleschrift.

DIE SPRACHE
Auf der Welt werden über 6000 verschiedene Sprachen gesprochen.

In Deutschland findest du diese Schrift zum Beispiel in den Aufzügen in öffentlichen Gebäuden.

Können Blinde so auch Computer benutzen? Na klar! Heute reagieren viele Computer zudem auf Sprachbefehle und lesen die Texte vor. So können auch Blinde ihren Interessen nachgehen, die Welt erkunden und viele neue Sachen kennenlernen.

ÖFFENTLICHE GEBÄUDE
Das sind Häuser, in die alle Menschen hineingehen können. Dazu gehören zum Beispiel Theater, Konzerthallen, das Gericht oder Ämter.

DER SPRACHBEFEHL
Wenn ein Computer oder ein Smartphone auf gesprochene Sprache reagiert.

Super gelesen

AUF ZUM RÄTSELSPAß!

1. Welches Sinnesorgan konnte Louis Braille nicht mehr benutzen? Male aus.

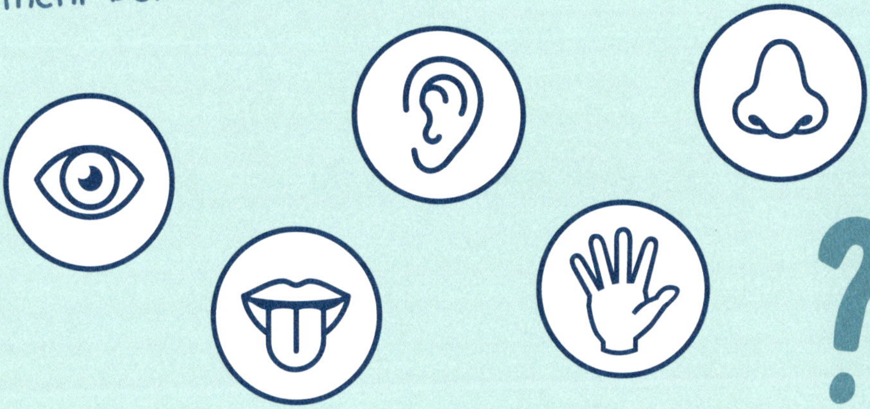

2. Warum wollte Louis Braille eine Schrift für Blinde erfinden? Spiegle die Wörter und kreuze an.

- ☐ nähen
- ☐ malen
- ☐ lesen

3. Wie „lesen" Blinde die Blindenschrift? Kreuze an.

a) Sie lesen mit einer Lupe.

b) Sie fahren mit einer Feder darüber, sodass ein Geräusch ertönt.

c) Sie fahren mit den Fingern darüber.

4. In welchem Land lebte Louis Braille? Schaue auf S. 55 und trage die Buchstaben ein.

___ ___ ___ ___ ___ ___ ___ ___ ___ ___

Lösungen: 1. Auge; 2. lesen; 3. c) Sie fahren mit den Fingern darüber; 4. Frankreich

MEINE MUTIGEN MENSCHEN

Bekannte Persönlichkeit?
Mama? Papa?
Oma? Opa?
Schwester? Bruder?
Freundinnen? Freunde?

Foto

Name: ______________________

Dieser Mensch ist mutig, weil ...

____

____

____

Foto

Name: ______________________

Dieser Mensch ist mutig, weil ...

____

____

____

Ich bin mutig, wenn ...

Ich wäre gerne mutiger, wenn ...

Bildnachweis
l = links, r = rechts, M = Mitte, o = oben, u = unten
Dorina Tessmann: 6, 16, 28, 38, 50;
9 mauritius images / IanDagnall Computing / Alamy; 10o mauritius images / Prestor Pictures LLC / Alamy; 11 akg-images; 18o mauritius images / Vibrant Pictures / Alamy; 20r mauritius images / 506 collection / Alamy; 21o mauritius images / Nathalie Lieckfeld / imageBROKER; 42 (Foto) mauritius images / NASA / Dembinsky Photo Associates / Alamy; 45 INTERFOTO / Stocktrek Images / Stocktrek Images;
Shutterstock.com: VNS Angelina Bambina, 1o Oberon, 1u Matvienko Vladimir, 4l Yuliya Bokhanchenko, 4r K N, 5o SkyPics Studio, 5l kokandr, 5r Colorcocktail, 7 Artnis, 8o Info LKB, 8u Zoart Studio, 9 (Rahmen) YummyBuum, 10u Angelina Bambina, 11 (TV) DoelWon, 12 AlessandroBiascioli, 13 The simple blues, 14 (Menschen) Evellean, 14 (Ballon) Hibrida, 14 (Transport) Shanvood, 17 peiyang, 18u V O R T E X, 19u IhorZigor, 19o Oleksandr Derevianko, 20l Yaran, 21 (Rahmen) Illerlok_xolms, 21u Nsit, 22 Hafid Firman, 23o FrameStockFootages, 23u Yaran, 24 Trendsetter Images, 25o Teo Tarras, 25u digitmilk, 25u (Windrad) Creative_Vector, 26 noncheewanon, 27u JK_Vector, 29 ju_bes, 30o nata-lunata , 30 (Rahmen) PinkPueblo, 30u Ku_suriuri, 31 Usova Olga, 32 (Erreger) Andy Frith, 32 (Erreger unter Lupe) paulista, 32 (Lupe) MF production, 33 Russamee, 34l Gerain0812, 34r 3445128471, 34/35u juliagav, 35 momo2u, 36 Colorcocktail, 36 (Tee) Faberr Ink, 36 (FlipFlop) SvitlanaNiko, 37 Marina Dekhnik, 39 Bonezboyz, 40/41 NatsukiYoshino, 40 studioworkstock, 41 SkyPics Studio, 42/43 SkyPics Studio, 42 (Pizza) SkyPics Studio, 42 (Kolben) HN Works, 43 (Foto) Andrey Armyagov, 43 (Werkzeug) Hein Nouwens, 44l max dallocco, 44r YUCALORA, 45u Amanita Silvicora, 45u (Fahrzeug) Oasis World 46 (Rakete) Tanawat_intawong, 46 Vadim Sadovski, 47 (Foto) Alones, 47 (Wolke) SkyPics Studio, 48a studioworkstock, 48b Rachael Arnott, 48c Cofefe, 48d YUCALORA, 48e Shanvood, 49 nusriiez, 52 Marso, 52 (Rahmen) Marharyta Pavliuk, 53l D things, 53r Leremy, 54o Ekaterina43, 54u Ray_of_Light, 56 VectorEng, 56/57o KingUj, 57r eny fitria, 58 Anna Kutukova, 59 New Africa, 60 Sudowoodo, 60 (Feder) TaLaNoVa, 61 Ink Drop, 62 r2dpr

Bibliografische Information der Deutschen Nationalbibliothek
Die Deutsche Nationalbibliothek verzeichnet diese Publikation in der Deutschen Nationalbibliografie; detaillierte bibliografische Daten sind im Internet über http://dnb.dnb.de abrufbar.

D C B A
Bibliographisches Institut GmbH,
Mecklenburgische Straße 53, 14197 Berlin

Redaktionelle Leitung
Simone Bahrenberg, Ina Koslowski
Redaktion
Steffi Korda, Büro für Kinder- & Erwachsenenliteratur, Hamburg
Autorinnen
Annett Stütze und Britta Vorbach
Illustrationen
Dorina Tessmann

Herstellung Maike Häßler, Uwe Pahnke
Layout und Satz formlabor, Hamburg
Umschlaggestaltung Kathrin Keienburg-Rees, Freiburg
Umschlagabbildung Dorina Tessmann (Illustration und Rückenbild), Creative Stall from Noun Project (Icon Lesen)
Druck und Bindung Firmengruppe APPL
Senefelderstraße 3–11, 86650 Wemding
Printed in Germany

ISBN 978-3-411-78003-7
www.duden.de

PEFC/04-32-0928

PEFC zertifiziert
Dieses Produkt stammt aus nachhaltig bewirtschafteten Wäldern und kontrollierten Quellen.

www.pefc.de